ORGANISEREN VOOR SUCCES

De grondbeginselen van effectief tijd- en prioriteitenbeheer

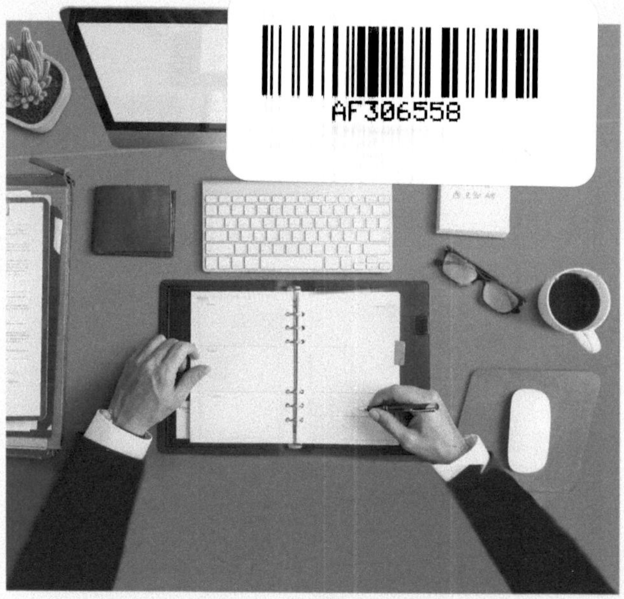

ORGANISEREN VOOR SUCCES

De grondbeginselen van effectief tijd- en prioriteitenbeheer

geschreven door Isabelle Aussant
vertaald door Nikki Claes

50MINUTES.com

ORGANISEREN VOOR SUCCES

- **Problemen?** Hoe kunnen we ons werk het beste organiseren?

- **Waarom is het nuttig?** Een goede organisatie op het werk is de sleutel tot efficiëntie: het vermindert onvoorziene gebeurtenissen en bespaart energie.

- **Professionele context?** Persoonlijke organisatie, organisatie binnen het bedrijf, interne communicatie, delegatie.

- **FAQ ?**

  - Waar moet ik beginnen?

  - Hoe herken je de vijanden van een goede organisatie?

  - Hoe kan je de stress reguleren die je verhindert te werken?

  - Welke rol speelt delegatie in de organisatie van het werk?

  - Organisatie en communicatie: twee onlosmakelijk met elkaar verbonden?

  - Hoe optimaliseer je je tijd?

  - Hoe prioriteiten beheren?

  - Voel je je overweldigd door het aantal dingen die je vandaag op je werk moet doen? En je weet niet eens waar je moet beginnen, terwijl de stress je begint te raken? Het is dringend nodig om je te organiseren zodat je niet overweldigd wordt!

Want organisatie is eigenlijk een instrument voor welzijn op het werk, waardoor je minder gestrest en efficienter kunt werken. In een professionele omgeving waar steeds meer van je wordt gevraagd, waar tijd versnipperd is en taken vermenigvuldigd worden, wordt het vermogen om jezelf intelligent te organiseren bijna een voorwaarde om te overleven.

Een goede organisatie wordt verkregen door hulpmiddelen, maar ook door een goede kennis van zichzelf, door iemands waarden, behoeften en grenzen. In dit boek vind je sleutels waarmee je kan evolueren naar een betere organisatie, aangepast aan je persoonlijke manier van functioneren.

Het doel is een "ecologische" organisatie op te zetten, d.w.z. een organisatie die je persoonlijk respecteert, dankzij een globale reflectie over je persoonlijkheid en over de instrumenten die je je zal hebben eigen gemaakt, alsook over je werkomgeving (je collega's en de waarden van het bedrijf). Op die manier heb je niet het gevoel dat je dingen forceert en je professionele entourage zal je natuurlijk uiterst efficiënt vinden!

HET ABC VAN DE GOED GEORGANISEERDE WERKNEMER

HET DOOR DE ONDERNEMING VASTGESTELDE KADER

Het organisatiekader van je bedrijf is waarschijnlijk niet aan jou, maar je moet ermee leven. Het is dus een belangrijk onderdeel van je persoonlijke werkregeling. Dit kader dient het belang van een onderneming, omdat het haar in staat stelt haar activiteiten en kosten te optimaliseren, maar het dient ook het menselijke belang, door respect voor elk individu in de onderneming.

De organisatie blijkt dus een sterk punt van communicatie binnen een onderneming te zijn, aangezien zij een protocol vaststelt waardoor elke afdeling en elk individu dezelfde taal spreekt. Om geïntegreerd te kunnen worden, moet dit protocol nauwkeurig en begrijpelijk zijn, d.w.z. eenvoudig, logisch en gemakkelijk overdraagbaar. Het moet ook een bron van inspiratie zijn voor elke afzonderlijke organisatie en een voorbeeld, een leidraad, bieden.

Dat vertelt Pierre-Marie Gadonneix, administratief en financieel directeur bij *ITV Studios France*.

> *"Ons doel is de productie van televisieprogramma's. De organisatie is dus essentieel, want zij is een middel om de primaire functie van de*

onderneming te optimaliseren. Om de kosten te optimaliseren, moeten we een zo efficiënt mogelijke organisatie hebben die de personeelsfunctie maximaal respecteert. Wij moeten ervoor zorgen dat de druk van de functie geen afbreuk doet aan een goede werksfeer.

[…]

Er kunnen niet meerdere besturingssystemen zijn binnen een bedrijf. Het is belangrijk gemeenschappelijke processen vast te stellen waaraan elke werknemer zich houdt, en dit vanaf het moment van aanwerving. Anders leidt het niet alleen tot praktische en concrete problemen op projecten, maar ook tot spanningen binnen de teams.

"KEN JEZELF".

De waarden

Onze waarden bouwen ons fundamenteel; ze zijn in ons verankerd. Ze geven zin aan ons handelen en drijven ons ertoe te handelen met alle kracht die we hebben. Het is dus van essentieel belang dat wij onszelf kennen om deze grondbeginselen optimaal te benutten. We zijn van nature effectiever bij taken die in overeenstemming zijn met onze waarden. Anderzijds, wanneer we niet in harmonie zijn met onze waarden, vergt elke taak een aanzienlijke inspanning, waardoor we die vaak uitstellen tot later (uitstelgedrag), in de hoop dat de drang uiteindelijk vanzelf komt.

Afhankelijk van de psychologische of fysieke situatie waarin we ons bevinden, putten we meer of minder uit een waarde. Dit betekent dat wij de omvang van onze waarden voortdurend herzien: het is dus belangrijk deze regelmatig opnieuw te evalueren.

Als we ons bewust zijn van de waarden die ons dragen, kunnen we prioriteiten stellen en ons dus op een meer natuurlijke manier organiseren. Luister naar je verlangens, want de taken die je wil doen, zullen sneller en gemakkelijker worden uitgevoerd. Maar vergeet niet af en toe de minder aangename taken aan te pakken, wanneer je energieniveau het hoogst is...

 ## NEEM EEN STAP TERUG VAN JEZELF

- Wat zijn je waarden? Familie, vrienden, werk, bijdrage aan de maatschappij, sport, respect, sociaal succes, eerlijkheid, delen. Schrijf alles op waar je waarde aan hecht.

- Rangschik ze in volgorde van belangrijkheid: probeer de waarden te identificeren die het merendeel van je handelingen en gedrag bepalen.

- Hoe verwerk je ze in je werk? Wat zou je anders kunnen doen om meer persoonlijke samenhang te bereiken?

De grenzen

Jezelf kennen betekent ook je grenzen kennen. Hiermee moet rekening worden gehouden bij de organisatie.

We hebben allemaal "helpende" grenzen, die ons in staat stellen aardig voor onszelf te zijn en onszelf te respecteren en "beperkende" grenzen die ons ervan weerhouden te handelen of een actie uit te voeren. Ze beschermen ons of sluiten ons op. Daarom is het belangrijk dat wij ons daarvan bewust zijn, zodat zij een sterk punt worden in onze organisatie. Stel jezelf deze vragen:

- "Wat zijn mijn 'helpende' grenzen, die mij beschermen, mijn energie behouden en mij in staat stellen in harmonie met mezelf te zijn en te evolueren?"

    o Voorbeeld: ik accepteer alleen lichamelijk contact, zoals een hand op mijn schouder, van mijn allerbeste vrienden.

- "Aan de andere kant, wat zijn mijn 'beperkende' grenzen, die mij blokkeren en verhinderen om vooruit te komen?"

    o Voorbeeld: ik weiger meestal mijn mond open te doen in groepsvergaderingen en laat liever anderen discussiëren.

- "Welke grenzen stel ik aan anderen? Formuleer ik ze duidelijk?

- "Wat doe ik als iemand mijn grenzen overschrijdt? Reageer ik zo dat ze het begrijpen?

Door deze vragen te beantwoorden en deze elementen te definiëren, ben je duidelijk tegenover jezelf en duidelijk in je handelen. Je zal een betrouwbare gids zijn voor een coherent en georganiseerd optreden.

Het is ook nodig om deze grenzen tegenover anderen te stellen om in overeenstemming te zijn met je professionele omgeving. Daarvoor is een essentiële relationele vaardigheid nodig: weten hoe je nee moet zeggen. Jacques Salomé, een Franse psychosocioloog en schrijver, vertelt ons dat "nee durven zeggen tegen anderen is ja durven zeggen tegen jezelf". Weten hoe je nee moet zeggen is een van de sleutels tot een goede persoonlijke organisatie en draagt bij tot persoonlijke voldoening. Nee zeggen tegen bepaalde dingen voorkomt dat je onderworpen wordt aan anderen en stelt je in staat coherent te zijn met jezelf: het helpt je onderscheid te maken tussen jouw urgenties en die van anderen. En "nee" zeggen is veel gemakkelijker als je duidelijk weet tegen welke behoeften je "ja" zegt!

 VERGIS JE NIET

Beschikbaar zijn voor anderen is natuurlijk een geweldige kwaliteit, maar alleen als het je niet verhindert te doen waarvoor het bedrijf je heeft ingehuurd. Bovendien geeft iemand die met tact en vastberadenheid "nee" kan zeggen tegen bepaalde verzoeken meer waarde aan zijn of haar "ja" en zal daarvoor meer erkenning en waardering krijgen. Dit is geen teken van onenigheid of conflict, maar een teken van verschil, van openheid voor de mogelijkheid van een echte uitwisseling.

DE RELATIE TOT DE TIJD

Goede praktijken en bronnen van inefficiëntie

Iedereen heeft zijn eigen perceptie van tijd. Daarom is het belangrijk de balans op te maken van je persoonlijke relatie met tijd en hoe je daarmee omgaat. Door je sterke en zwakke punten op een rijtje te zetten, kan je de goede praktijken die je hebt verworven, maar ook de bronnen van inefficiëntie in je manier van werken identificeren.

Zo kan je sterke punten benadrukken, zoals altijd stipt zijn op vergaderingen waarvoor je bent uitgenodigd, en aan je zwakke punten werken, zoals altijd gehaast werken waardoor je het gevoel hebt dat je je door je werk heen jaagt.

- Vraag je voor elke vastgestelde zwakte af wat de oorzaak is. In dit geval kan het probleem zijn dat je vergeet bepaalde taken eerder te doen: je vertrouwt op je geheugen, maar dat speelt je parten! Nu ben je in staat een oplossing voor je probleem te vinden door een precieze en meetbare actie te bepalen: het gebruik van een hulpmiddel waarmee je je gebeurtenissen of dingen die je op een bepaald tijdstip moet doen kan herinneren, bijvoorbeeld. Je hoeft alleen maar het medium te kiezen dat het beste past bij jouw manier van werken: post-it's, notitieboekjes, elektronische agenda's of een ander hulpmiddel naar keuze dat zowel praktisch als gemakkelijk toegankelijk is.

- Wees je bewust van de goede praktijken die je hebt geïdentificeerd en aarzel niet daaruit te putten voor oplossingen voor je bronnen van inefficiëntie. Zoals deze *kōan* (zin om over te mediteren) uit het zenboeddhisme zegt: "Wat je mist, zoek je in wat je hebt."

Het biologische ritme

Het is nu wetenschappelijk bewezen: het is goed onze interne ritmes te kennen en ernaar te luisteren. In de loop van een dag varieert onze lichaamstemperatuur in intensiteit, evenals onze spierkracht en hersenactiviteit. Alle functies van ons lichaam werken met ups en downs.

Hoewel wordt erkend dat de efficiëntie overdag tussen 10 en 11 uur en tussen 15.30 en 16.30 uur het best is, moet je de tijd nemen om je piek- en doeltreffende uren te bepalen, tijdens welke de intellectuele activiteit zeer alert is, en je daluren, tijdens welke je fysiologische behoeften – honger, vermoeidheid, enz. – je prestaties verminderen. Jouw gedrag in de loop van een dag observeren is de meest doeltreffende methode om deze meer of minder productieve periodes te inventariseren.

Om van je biologisch ritme een troef te maken in je organisatie, houd je rekening met deze cycli om de verschillende taken die je op een dag moet uitvoeren te verdelen. Je kan dan gewoon de taken plannen die een hoge mate van intellectuele beschikbaarheid vereisen tijdens de tijdstippen waarop je weet dat je volledig over je capaciteiten beschikt. Dit zal je efficiënter maken.

PARASIETEN

Zij die de werkomgeving vervuilen

Externe afleidingen beïnvloeden de werkprestaties. Daartoe behoren, niet verrassend, zaken die onze zintuigen storen: lawaai, temperatuur, slechte ergonomie van de werkplek, enz. Zorg ervoor dat je omgeving je concentratie niet verstoort. Lucht je kantoor minstens één keer per dag en aarzel niet om de deur te sluiten of muziek in je oren te stoppen om je af te zonderen als je dat nodig hebt.

 **KLEIN PLUSPUNT**

Maak van je werkplek je thuis: tijdens de week breng je er de meeste tijd door, dus geef het iets vertrouwds en comfortabels, zoals een kleine plant of een persoonlijk voorwerp op je bureau.

Professionele interacties

Aangezien wij voortdurend worden gecontacteerd (telefoon, e-mails, verzoeken om hulp, enz.), komt het relatief zelden voor dat wij niet worden gestoord in ons werk. We moeten voortdurend openstaan voor anderen, dus is het vaak erg moeilijk om een actie van begin tot einde uit te voeren zonder te moeten reageren op verzoeken van buitenaf.

Zo is de verleiding groot om de inhoud van een e-mail onmiddellijk na ontvangst te controleren en zelfs te beantwoorden. Het is echter beter de tijd te nemen om elk bericht naar behoren te beantwoorden dan het kort te behandelen of zelfs een gedeeltelijk of niet-helpend antwoord te geven zoals: "Ik zal het nagaan en kom erop terug. De persoon met wie je praat is misschien blij te zien dat zijn verzoek in overweging wordt genomen, maar hij heeft zijn antwoord nog steeds niet en heeft waarschijnlijk een taak onderbroken om je bericht te lezen, net zoals jij dat hebt gedaan om te antwoorden.

 WAT MOET ER CONCREET GEBEUREN?

Begin met het opstellen van regels voor het gebruik van communicatiemiddelen. Kies er bijvoorbeeld voor om niet meer dan vier of vijf keer per dag je inbox te controleren, op min of meer regelmatige tijdstippen: 's ochtends bij aankomst, halverwege de ochtend, wanneer je terugkomt van de lunch, halverwege de middag en 's avonds 30 minuten voordat je vertrekt.

Dit advies geldt ook voor het gebruik van een smartphone: er een bezitten betekent niet dat je altijd beschikbaar moet zijn. Immers, voicemails doen hun werk heel goed! Je luistert naar je berichten en belt terug wanneer je klaar bent met de taak waar je je op concentreert. Nogmaals, het antwoord dat je kan geven zal van betere kwaliteit zijn als je geest niet met iets anders bezig is.

Stress

Niet alle parasieten komen van buitenaf; sommige zeer schadelijke parasieten zitten in ons verborgen. De meest voorkomende en schadelijkste van allemaal is ongetwijfeld stress.

Stress is een dramatisering van de toekomst. Wanneer we gestrest zijn, wordt onze mentale toestand aangetast: ons gedrag, onze emoties en stemmingen kunnen veranderen van rationeel naar irrationeel en onze handelingen verliezen hun samenhang, soms tot het punt van totale verlamming.

Stress op het werk is niet onvermijdelijk, je kunt er omheen werken. De sleutel is om duidelijk te zijn over wat wel en niet jouw verantwoordelijkheid is. Stel je drie zones om je heen voor waarin je de taken plaatst die je moet uitvoeren:

- je effectgebied: dit is het gebied dat het dichtst bij jou staat, waar je beslissingen en handelingen een direct effect hebben
- je invloedssfeer: dit gebied staat een beetje verder weg van jou en je kan erin optreden, maar je zal het doel niet direct beïnvloeden. Je acties kunnen echter wel een invloed hebben op de doelstelling
- je non-impact zone: dit gebied is te ver van je af, je hebt geen controle over wat daar gebeurt, wat je ook besluit te doen

Elk gebied is gevoelig voor stress, ook het meest afgelegen gebied. Maar dat laatste ligt buiten je bereik: je kan niets doen om de situatie te veranderen. Het is dus beter om je niet langer zorgen te maken en je te concentreren op je gebieden van impact en invloed. Door op deze gebieden zoveel mogelijk te doen, kan je je emotionele proces beter kanaliseren en dus voorkomen dat de stress toeneemt.

Een voorbeeld: je vliegt om enkele belangrijke klanten in een ander land te ontmoeten en je vlucht heeft twee uur vertraging, waardoor je onvermijdelijk de hele dag te laat bent. In plaats van op je nagels te gaan bijten, moet je je realiseren dat deze vertraging buiten je macht ligt: je kan niets doen om het vliegtuig sneller te laten aankomen (niet-effectzone). Wat je tijdens deze wachttijd doet is geheel aan jou (impactzone). Dus concentreer je daarop en zet jezelf niet onnodig onder druk over een vertraging die niet jouw schuld is.

👁 Hou het hoofd koel.

- Bekijk de dingen zoals ze zijn, zonder emotionele inmenging: scheid de objectieve feiten van je gevoelens erover.

- Wees in het heden: zo voorkom je dat je anticipeert op een mogelijke negatieve uitkomst die je van tevoren zou stressen. In plaats van te denken: "Als ik dit doe, zou dit kunnen gebeuren", zeg je tegen jezelf: "Ik handel vandaag met een dergelijk en dergelijk geldig doel en verwacht een dergelijk en dergelijk resultaat" en bedenk dat niemand alles kan voorspellen.

Uitstelgedrag

Uitstel is een symptoom van uitstel tot morgen van wat vandaag gedaan zou kunnen of moeten worden. Deze kunst van het uitstellen komt vooral voor wanneer er te veel dingen in hetzelfde tijdsbestek gedaan moeten worden of wanneer we iets moeten doen dat tegen onze waarden ingaat. We denken voortdurend aan wat we moeten doen, zonder de energie te vinden om het te doen.

Begin met dit principe in gedachten te houden: als je alle informatie hebt die je nodig hebt, is onmiddellijk handelen altijd sneller en vaak veel effectiever dan plannen om het later te doen.

Als het absoluut noodzakelijk is dat je dingen uitstelt, is de beste oplossing om deze neiging tot uitstelgedrag om te zetten in een positief en creatief instrument door de toekomstige gevolgen van het uitstellen van elke actie voor jou en je professionele omgeving te onderzoeken. Zo kan je gemakkelijker prioriteiten stellen. Vraag jezelf af welk uitstel waarschijnlijk de zwaarste impact zal hebben, concentreer je op die taak en laat de andere voor later.

 ## Pas op!

Vergeet niet wat tijd in de week of maand uit te trekken om al die kleine dingen te doen die je hebt uitgesteld, zonder excuses deze keer!

PRIORITERING VAN TAKEN

Nadat je de interne factoren voor de ontwikkeling van je persoonlijke organisatie hebt onderzocht, is het nu belangrijk prioriteiten te stellen. Sommige taken moeten vanwege hun prioriteit vóór andere worden uitgevoerd. Dit lijkt vanzelfsprekend, maar is niet zo gemakkelijk toe te passen omdat het erom gaat onderscheid te maken tussen wat belangrijk en wat urgent is en snelheid niet te verwarren met efficiëntie.

Het is makkelijker om dit stap voor stap te doen. Nogmaals, door één stap tegelijk te zetten, zal je grote stappen voorwaarts zetten en, het belangrijkste, in de goede richting.

- Voor elk project waarbij je betrokken bent, begin je met het duidelijk vaststellen van de taken die onder jouw persoonlijke verantwoordelijkheid vallen. Deel veeleisende en complexe activiteiten zoveel mogelijk op in meer beheersbare delen.

 **KLEIN PLUSPUNT**

Stel jezelf voor elk project de volgende drie vragen:

- Wat is mijn rol?

- Wat is mijn verantwoordelijkheid?

- Welke specifieke acties moeten worden ondernomen?

- Zet ze op een eenvoudig blanco vel papier of in een softwaretabel op een rijtje. Wil deze lijst effectief zijn, dan moet elke taak beginnen met een werkwoord dat oproept tot actie.

- Rangschik vervolgens de taken naar urgentie en belang en geef ze elk een volgnummer. Zo kan je rekening houden met de logica van de chronologie van de gebeurtenissen en met wat past bij je waarden, maar ook met de verwachtingen en behoeften van je werknemers en het management. Bijvoorbeeld: Nr. 1 – Contact opnemen met leveranciers; Nr. 2 – De behoeften van de klant vaststellen; enz.

- Nu moet je de taken in de tijd plannen en ongeveer inschatten hoe lang het zal duren om elke taak te voltooien. Het is belangrijk om je tijdschema bij te houden, zodat je ruimte hebt om het hoofd te bieden aan het onverwachte. Bijvoorbeeld: maandag en dinsdag – contact opnemen met leveranciers; woensdag – behoeften vaststellen, enz. Herzie je planning zo vaak als nodig is.

Als je het moeilijk vindt om bepaalde acties te plannen omdat ze allemaal dringend lijken, ga dan terug naar de vorige stap en herzie zo nodig de indeling. Vraag jezelf af of een taak niet kan wachten tot de volgende dag of de volgende week. Als het moet en als je het aanvaardbaar vindt, aarzel dan niet om je cliënt of je chef zo snel mogelijk om uitstel te vragen.

Wees verantwoordelijk voor jezelf en probeer de voor elke dag geplande taken te volbrengen. Het voordeel zal onmiddellijk zijn: een gevoel van intense voldoening over het werk dat je gedaan hebt. En als je je realiseert dat je achterloopt, ga dan terug naar je schema en pas het aan aan de realiteit.

WEET HOE JE MOET DELEGEREN!

Nu je een duidelijk beeld hebt van het werk dat voor jou ligt, besef je misschien dat je een beroep zal moeten doen op andere middelen dan je eigen middelen om alles op tijd af te krijgen.

Delegeren zorgt namelijk voor een betere verdeling van de werklast en moedigt initiatief aan. Het zorgt voor de ontwikkeling van echt teamwerk, verbeterde productiviteit en een vorm van erkenning voor iedereen. Door te delegeren definieer je je rol, positioneer je jezelf ten opzichte van anderen en stimuleer je dus verantwoordelijkheid. Het is daarom een essentieel element in je eigen organisatie en die van een bedrijf.

Pierre-Marie Gadonneix vertelt hierover:

> *"Ik ben gekopieerd naar alle e-mails, maar ik grijp niet in als de ontvangers mij niet rechtstreeks vragen. Ik delegeer, waardoor ik tijd vrijmaak om een stapje terug te doen en aan minder functionele aspecten te werken.*

"Wat kan ik delegeren?"

De Eisenhower-matrix helpt deze vraag te beantwoorden. Neem zelf de taken op jou die je dringend en belangrijk vind, maar aarzel niet om te delegeren wat belangrijk is maar minder dringend, of wat dringend is maar niet erg belangrijk.

Houd in gedachten dat delegeren ook tijd vergt voor planning en communicatie, dus het is beter om zware of repetitieve taken direct over te dragen, die de tijd die vooraf wordt genomen rechtvaardigen.

"Aan wie moet ik delegeren?"

Om de juiste persoon te vinden om een project aan te delegeren, moet ook stap voor stap te werk worden gegaan:

- Beoordeel de te delegeren taak.

- Bepaal de vaardigheden en verantwoordelijkheden die nodig zijn om dit te bereiken.

- Kies een bekwaam en gemotiveerd persoon. Je kan ook gewoon rekening houden met hun potentieel, zelfs als dat betekent dat ze een extra opleiding moeten krijgen.

👁 TE VERMIJDEN

Delegeer niet blindelings. Als je je beslissing baseert op een ruwe en subjectieve beoordeling van een collega en ervan uitgaat dat die tevreden zal zijn met de delegatie, loop je het risico tijd te verliezen in plaats van te besparen als blijkt dat je het mis had en je het werk waarschijnlijk nog eens moet overdoen.

"Hoe kan je goed delegeren?"

Succesvol delegeren vereist passende communicatie. Vertrouw daarvoor op deze drie communicatiemiddelen:

- rapportage of bottom-up informatie van de werknemer aan de klant

- debriefing of uitwisseling op hetzelfde niveau voor de verschillende gesprekspartners

- de balans of top-down informatie van de opdrachtgever naar de werknemer

Met deze technieken kan je een project effectief delegeren door deze stappen te volgen:

- Definieer een duidelijke en precieze doelstelling die moet worden gecommuniceerd en gerespecteerd. Dit vereist een wederzijdse verbintenis tot duidelijk omschreven middelen en verantwoordelijkheden.

- De delegatie moet in overeenstemming zijn met het doel en met de verwachtingen van de werknemer, met inachtneming van diens belangen. Het moet een win-win ruil zijn. Je delegeert een taak om een voor jou gesteld doel te bereiken. De werknemer moet er ook baat bij hebben: het gevoel dat hij of zij de juiste persoon is om deze taak uit te voeren, zijn of haar investering en vaardigheden kunnen tonen, maar ook bewijzen dat hij of zij in staat is verder te gaan dan wat nodig is. Wees je bewust van mogelijke weerstand en overdreven enthousiasme en ga daar met het nodige begrip en/of vastberadenheid mee om.

- Zorg voor follow-up, d.w.z. toezicht, dat regelmatig moet plaatsvinden, zonder verstikkend te zijn. Toezicht maakt het mogelijk een ondernomen actie zo nodig te wijzigen, te feliciteren, aanvullende actie te ondernemen, middelen toe te voegen of in te trekken, enz.

- Aan de andere kant, verban de "doe-het-zelfhouding uit je gedrag. Je hebt je eigen manier van doen en je collega heeft misschien een iets andere. Laat los! Het belangrijkste is dat de werknemer het door jou gestelde doel en alle parameters voor het bereiken ervan begrijpt.

- Let op je communicatie, zowel upstream, downstream als tijdens de uitvoering van de gedelegeerde taak. Heb je het terrein voorbereid voor je delegatie? De communicatie die je vooraf tot stand hebt gebracht, zal nuttig zijn tijdens en na de opdracht.

- Vergeet niet de ervaring af te sluiten met een nabeschouwing. De werknemer feedback geven over de ervaring is van het grootste belang voor zijn waardering en betrokkenheid bij het bedrijf.

 ## TE VERMIJDEN

- Delegeer nooit overhaast: je loopt het risico een stap over te slaan of het doel verkeerd over te brengen.

- Wees geen perfectionist: laat een methode los die misschien anders is dan de jouwe, maar net zo effectief. Te veel controle leidt tot ontkrachting en demotivatie.

TOPTIPS

- Vermijd rommel, het is de vijand van organisatie: sorteer en gooi weg terwijl je bezig bent. Een opgeruimd kantoor wanneer je 's avonds vertrekt, is de volgende ochtend een gastvrij kantoor om een goede dag te beginnen.

- Ontwerp je werkplek ergonomisch. Minimaliseer het aantal bewegingen dat je moet maken door de bestanden of hulpmiddelen die je meerdere keren per dag nodig hebt binnen handbereik te houden. Berg alles op een eenvoudige en praktische manier op, zodat je snel kan vinden wat je zoekt. Zo vereist een dossier in een map die in een lade ligt te veel bewegingen. En te veel bewegingen is een verspilling van tijd, energie en concentratie als je gefrustreerd bent omdat je tevergeefs het gezochte document niet kan vinden.

- Wees begrijpelijk en duidelijk voor jezelf en je personeel, zowel in je mondelinge als in je schriftelijke communicatie: een dossiernaam die volgens een gemeenschappelijke nomenclatuur wordt gedefinieerd, bespaart iedereen tijd.

- Verduidelijk je plannen en ondersteun je voornemens door concrete subdoelen te plannen om ze duidelijker te maken. Veeleisende en complexe activiteiten zoveel mogelijk opsplitsen in gemakkelijker uitvoerbare onderdelen.

- Wees je bewust van je verantwoordelijkheden. Door verantwoordelijkheid te nemen voor een taak en de grenzen ervan te bepalen, voorkom je dat je de verantwoordelijkheid van anderen moet dragen voor het hele project, wat onvermijdelijk stress oplevert omdat het niet jouw verantwoordelijkheid is.

- Zet in je agenda de terugkerende gebeurtenissen van je werk gedurende de maand of het jaar. Zo kan je op deze taken anticiperen en je erop voorbereiden.

- Schrijf alleen de essentiële en professionele dingen op in je agenda. Je wil je werkschema niet overladen met verjaardagsherinnering: deze visuele verwarring kan je motivatie en energie wegnemen.

- Schat de tijd die nodig is voor de verschillende taken. Wanneer je aan een nieuwe taak begint, moet je weten hoeveel tijd je eraan zal besteden en je daaraan houden. Als je geen duidelijk idee hebt, aarzel dan niet om op te schrijven wanneer je aan een taak begint en wanneer je die afmaakt. Zo kan je die schatting voor de volgende keer gebruiken.

- Volgens hetzelfde idee, stel jezelf deadlines: zo kan je een actieplan opstellen voor je dag of week volgens prioriteiten.

- Bereid je vergaderingen voor: agenda, lijst van deelnemers, te stellen vragen, pittige toespraken, enz.

- Wees je bewust van de middelen die je nodig hebt om effectief te zijn. Kies de juiste hulpmiddelen en train jezelf om ze te gebruiken: te vaak zijn tijdverlies en stress het gevolg van hulpmiddelen die niet zijn aangepast of die je niet beheerst. Aarzel niet om meer ervaren personeel te vragen om je een paar minuten informele training te geven over het gebruik van een hulpmiddel, in plaats van elke dag over dezelfde handeling te blijven struikelen.

- Neem pauzes! Het lijkt misschien paradoxaal, maar elke twee uur vijf minuten pauze nemen kan je tijd besparen. Je hersenen kunnen niet de hele dag op volle capaciteit werken. Geef ze de tijd om op te laden en weer op gang te komen.

FAQ

WAAR MOET IK BEGINNEN?

Het is essentieel om eerst aan jezelf te werken. Afstand nemen van jezelf en je activiteit is de sleutel tot het opzetten van een goede organisatie. Inventariseer de waarden die je dragen en de grenzen die je niet wil overschrijden.

Op basis van deze waarden en grenzen kan je vaststellen welke taken je motiveren en waarop je waarschijnlijk effectiever zal presteren en welke taken een extra inspanning van jou vragen. Je zal ook een "nee" kunnen rechtvaardigen tegen een verzoek dat je grenzen overschrijdt.

HOE HERKEN JE DE VIJANDEN VAN EEN GOEDE ORGANISATIE?

Om deze parasieten, die zowel buiten als binnen onszelf ontstaan, op te sporen, begin je met het observeren, luisteren en voelen van de dingen om je heen.

- Staat je stoel op de juiste hoogte?

- Zijn je scherm en toetsenbord goed ingesteld?

- Is je telefoon gemakkelijk bereikbaar? Is de handset geschikt?

- Is er lawaai om je heen? Zo ja, hoe kan je je daar het beste van afzonderen?

- Is de temperatuur van de kamer vaak een onderwerp van discussie? Als het vaak koud is, heb je dan een vest om achterop je stoel te laten liggen? Als het vaak warm is, denk je er dan aan om de kamer te luchten?

- Enz.

Door beetje bij beetje deze elementen, die misschien details lijken, te corrigeren, zal je je al veel meer op je gemak voelen in je werkomgeving. Dit is een van de eerste stappen naar efficiëntie.

Ga door met het analyseren van je interacties met anderen (collega's, superieuren, klanten, leveranciers, enz.): zijn ze storend? Zo ja, hoe kan je ze optimaliseren zodat je concentratie er zo min mogelijk onder lijdt? Zet deze gedachten in relatie tot het gebruik van je gereedschap (computer, laptop, enz.): dan kan je deze twee assen met elkaar in evenwicht brengen.

Als het al twee maanden geleden is dat je een verslag moest schrijven of een stuk gereedschap dat bij het laatste evenement werd gebruikt, moest opbergen, is het tijd om de koe bij de horens te vatten en deze kleine taken, die al duizend keer zijn uitgesteld, onmiddellijk uit te voeren.

Leer tenslotte de tekenen van stress te lezen: verstoorde slaap, zelfs frequente slapeloosheid, uitgesproken vermoeidheid, rugpijn, angst voor morgen, enz. Door je bewust te zijn van deze parameters, kan je reageren voordat je overweldigd wordt.

HOE KAN JE DE STRESS REGULEREN DIE JE VERHINDERT TE WERKEN?

Je hebt vastgesteld wat wel en niet in je impactzone ligt, maar de stress blijft je overspoelen met een berg taken die je in een snel krimpend tijdsbestek moet afwerken. Om je te helpen de stress te beheersen, begin je met het identificeren van de bronnen ervan in je werk:

- Houdt hij verband met de inhoud van je werk? Overbelasting van het werk, complexiteit van de taken, monotonie, mate van verantwoordelijkheid, mate van autonomie, beroepsrisico's, tempo, druk, enz.

- Heeft hij te maken met je werkomgeving? Sfeer (lawaai, temperatuur, licht, enz.), inrichting van de werkplek, omvang en structuur van het bedrijf, hygiene, collega's, supervisor, enz.

Zodra je de bronnen van stress hebt geïdentificeerd, moet je leren er rustig op te reageren. Om dit te doen, kan je je het beste organiseren om in een comfortzone te blijven, wat drie dingen inhoudt:

- veiligheid: kies eerst de routes waarin je je veilig voelt, om zo beetje bij beetje je zelfvertrouwen terug te winnen;

- legitimiteit: als je wordt gevraagd een nieuw gedrag aan te nemen dat je niet legitiem vindt, verander dan niet. Elke verandering moet nauw verband houden met je waarden om succesvol te zijn.

- gemak: waar je de eerste stap hebt gezet, heb je een solide basis gelegd voor het zetten van de tweede stap. De makkelijke weg kiezen is dus een garantie voor succes!

En nu, kom in actie! Focus op de volgende te ondernemen actie, niet op de laatste klus die gedaan moet worden of het uiteindelijke doel dat bereikt moet worden. Denk daartoe in termen van ACTIES! In plaats van naar de berg voor je te kijken, richt je je op tastbare feiten: plan concrete en snel uitvoerbare taken, zoals "Zoek informatie over concurrenten" of "Maak een eerste selectie van de ontvangen sollicitaties". Als je dat gedaan hebt, ga je naar de volgende, enzovoort. Beetje bij beetje zal het werk vorderen en de stress afnemen.

WELKE ROL SPEELT DELEGATIE IN DE ORGANISATIE VAN HET WERK?

Door enkele van de minder belangrijke of minder dringende taken te delegeren, komt er tijd vrij voor de taken die echt de moeite waard zijn om zelf te doen. Je kan ook besluiten taken te delegeren waarvoor je minder bekwaam bent dan een van je collega's. Dit bespaart tijd voor iedereen: voor jou persoonlijk, maar ook voor het project in het algemeen.

Effectief kunnen delegeren is daarom een sleutelelement van goede organisatie op het werk. Om dit te doen:

- Beoordeel de taak en de vereiste vaardigheden om de juiste persoon voor de taak te kiezen.

- Bepaal samen met hem of haar een duidelijk en nauwkeurig doel en laat hem of haar vervolgens vrij in de uitvoering van de taak, terwijl jij zorgt voor een regelmatige follow-up.

- Geef informatie door voor, tijdens en na de delegatie, door middel van verslaglegging, debriefing en debriefing.

- Meet de prestaties door een rapport op te stellen, waarmee je je werknemer tekenen van erkenning kan geven en zo zijn motivatie kan beïnvloeden.

ORGANISATIE EN COMMUNICATIE: TWEE ONLOSMAKELIJK MET ELKAAR VERBONDEN?

Als je een project wil uitvoeren dat meerdere vaardigheden vereist, als je wil delegeren of als je geconfronteerd wordt met een conflict, zal je moeten communiceren. Daarom is het van essentieel belang dat je verantwoordelijk bent voor je communicatie en deze onder controle houdt, zodat zij geen belemmering wordt voor de organisatie.

Openstaan voor anderen, actief luisteren, het vermogen om paraverbale en non-verbale taal te lezen, herformulering van informatie en de kunst van het vragen stellen behoren dus tot de belangrijkste instrumenten van doeltreffende communicatie.

Enkele regels om in gedachten te houden en toe te passen

- Ik houd rekening met en waardeer de persoon met wie ik praat.

- Ik houd een zekere emotionele afstand om mijn neutraliteit te bewaren.

- Ik luister naar de behoeften die alleen de situatie dienen en zet de andere opzij. Zo blijf ik gericht op goede bedoelingen en blijf ik helder van geest.

- Ik ben duidelijk in mijn bedoelingen en dat wekt vertrouwen.

- Ik laat de informatie in beide richtingen stromen; zo voed ik de beweging die nodig is voor communicatie.

HOE OPTIMALISEER JE JE TIJD?

Tijd is een kostbare waarde in onze vaak drukke dagen. Analyseer je relatie met de tijd om de juiste conclusies te trekken over waar je moet verbeteren.

Wees je bewust van zowel je goede praktijken als je bronnen van inefficiëntie om eraan te werken. Beantwoord de volgende vragen in de aangegeven volgorde:

- Is het moeilijk voor jou om de tijd die je hebt voor een bepaalde taak te beheren?

- Zo ja, welke moeilijkheden ondervind je het vaakst?

- Waarom heb je die moeite?

- Welke impact heeft dit op je organisatie?

Door je moeilijkheden op te sommen, kan je voor elk ervan een oplossing voorstellen en het voordeel benadrukken dat je erbij zal hebben.

Een andere manier om je werktijd te optimaliseren is jouw dagen te plannen volgens je biologische ritme. Maak optimaal gebruik van je uren van volledige concentratie door de taken te plannen die je intellect het meest in beslag nemen. En als je activiteit vereist dat je tot 13.00 uur uiterst geconcentreerd blijft, staat niets je in de weg om te anticiperen op je energieverlies en rond 10.00 uur een snack te nemen.

HOE PRIORITEITEN BEHEREN?

Prioriteiten worden bepaald door twee polen: jezelf en je omgeving. Weten hoe ze te beheren betekent:

* een onderscheid maken tussen dringende en belangrijke taken. Dringende taken moeten worden aangepakt, maar nooit ten koste van belangrijke taken. Plan daarom altijd minstens één belangrijke taak per dag in;

* Zoek het juiste evenwicht tussen wat je gevraagd wordt te doen en wat je denkt dat juist is om te doen. Bekijk het verzoek in zijn geheel en probeer te beoordelen of wat je wordt gevraagd te doen belangrijk is voor jouw doelstellingen of die van je team. Wees dan in staat om je perceptie van de dingen op verzoek uit te leggen aan je collega's of superieuren - aangezien het belang van een taak soms subjectief kan zijn - en wees in staat om "nee" te zeggen of om meer tijd te vragen wanneer dit je werk zou kunnen beïnvloeden.

Kortom, handel in dalende volgorde: behandel eerst de taken die, indien niet uitgevoerd, ernstige gevolgen zullen hebben voor je werk en dat van je collega's, of deze taken nu dringend of belangrijk zijn, vervolgens de taken met beperktere gevolgen, enzovoort.

HET IS AAN JOU!

Hier zijn enkele zeer eenvoudige oefeningen die je zullen helpen om je bewust te worden van je huidige situatie, om je eigen oplossingen voor te stellen met betrekking tot de verschillende gebieden die voor verbetering vatbaar zijn en om zo te komen tot een efficiente en effectieve organisatie.

BEHEER VAN DE TIJD

Doel: nagaan wat je efficiëntie bij het beheren van je tijd vermindert.

Maak een lijst van je zwakke punten in een tabel. Schrijf voor elk daarvan de reden op en de oplossing die je voorstelt en stel, om een meetbaar doel te stellen, een termijn vast voor de uitvoering van de oplossing.

BEHEER VAN PRIORITEITEN

Doel: analyseren welke taken op een dag zijn voltooid en welke niet en hun prioriteitsniveau.

Vermeld in een tabel de taken die je op een dag hebt gedaan, uur voor uur, en in een tweede tabel de taken die je niet hebt kunnen doen.

Beantwoord op basis daarvan de volgende twee vragen en herzie, afhankelijk van de antwoorden, eventueel het prioriteitsniveau van bepaalde taken:

- Welke impact hadden de onafgemaakte taken op je werkdag?

- Hoe kon je anders?

PARASIETEN

Doel: energie terugwinnen door te besluiten parasieten te elimineren.

Maak een lijst van ten minste drie dingen die je dagelijkse organisatie op het werk belemmeren en je energie verspillen. Neem vervolgens de tijd om na te denken over wat je zou kunnen doen om het negatieve effect van deze afleidingen te verminderen.

OM VERDER TE GAAN

BIBLIOGRAFISCHE BRONNEN

SALOMÉ Jacques, *Wie zou ik pijn doen als ik mezelf was?* Montreal, Les Éditions de l'Homme, 2008.

ANDERE BRONNEN

Coachingcursussen gevolgd aan de Haute École de Coaching bij Philippe DUVILLIER en Fabienne LEMAIGRE-VOREAUX, gediplomeerde coaches en trainers.

We horen graag van u! Laat
een reactie achter op jouw online bibliotheek
en deel je favoriete boeken op social media!

Master ISBN: 97828O8604543
Papier ISBN: 97828O8605755
Wettelijk depot: D/2023/12603/2

Digitaal ontwerp: Primento,
de digitale partner van uitgevers.